Bibliografische Information der Deutschen Nationalbibliothek: Die Deutsche Nationalbibliothek verzeichnet diese Publikation in der Deutschen Nationalbibliografie; detaillierte bibliografische Daten sind im Internet über dnb.dnb.de abrufbar.

Herstellung und Verlag: BoD – Books on Demand, Norderstedt

ISBN 978-3-7526-1271-4

Paul:
„Die Würde des Menschen ist unantastbar"

Lotte:
„Das heißt, dass kein Mensch andere beleidigen, mobben oder sogar verletzen darf, nur weil sie anders denken oder anders sind"

Paul:
„Akzeptiert die Meinung anderer, denn alle haben das Recht auf eine freie Meinung ..."

Lotte:
„... und dürfen denken und glauben was und an wen sie wollen"

Lotte und Paul sind zwei Kids wie Du.

Sie sind seit dem Kindergarten miteinander befreundet und

unternehmen in der Freizeit, nach der Schule ganz viel gemeinsam,

wie zum Beispiel Fußball spielen,

klettern und chillen.

Immer wieder bemerken sie, dass um sie herum viel gestritten

wird. Die Menschen gehen miteinander unfreundlich um.

Und das gefällt Lotte und Paul irgendwie nicht so.

Sie überlegen was wir alle besser machen können,

aber auch, woher das kommt.

Hallo, ich bin Lotte

Und ich Paul

Zusammen mit Dir erforschen wir heute eine kleine Geschichte unserer Gesellschaft.

Gesellschaft, das sind alle Menschen die auf unserer Erde miteinander leben.

So sieht es auf unserer Erde heute aus:

Derzeit, also im Jahr 2019, leben hier ungefähr
7,88 Milliarden Menschen.

Stell dir das einmal in einer ganzen Zahl vor:

7.888.000.000

Für das Jahr 2050 wird erwartet, dass 9,7 Milliarden Menschen
auf der Erde leben.

Ganz schön viel. Da müssen wir etwas zusammenrücken,
aber vor allem gut miteinander leben können.
Am besten friedlich und glücklich.

Die Erde besteht aus sechs, zum Teil auseinanderliegenden Kontinenten, auf denen viele unterschiedliche Völker leben.

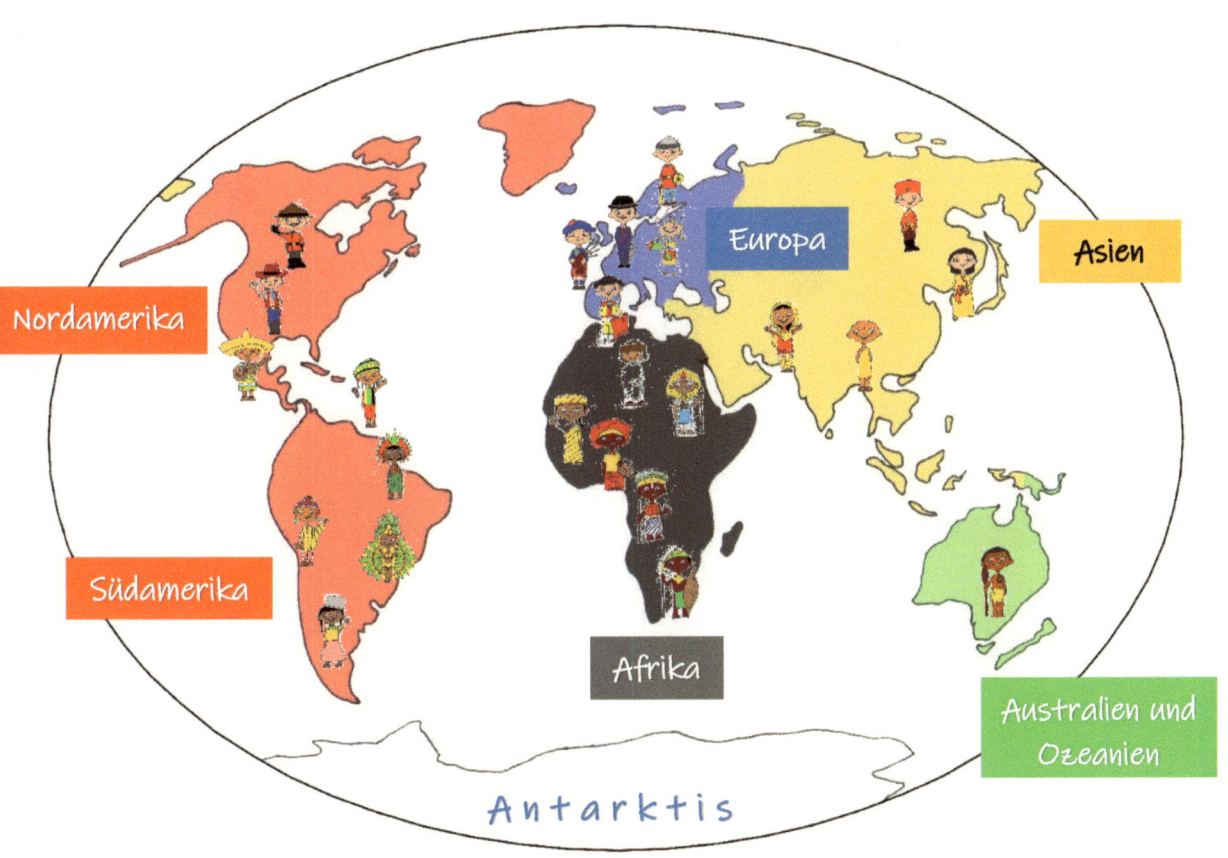

In der Antarktis leben die Pinguine.

Einige Kinder dieser Kontinente ...

Kanada

Nordamerika

USA

Mexiko

Jamaika

Die Anzahl der Kinder unter 15 Jahren liegt bei fast 2,4 Milliarden.

Südamerika

Bolivien

Amazonas

Peru

Brasilien

In Asien und Afrika gibt es die meisten Kinder.

... in typischen Landestrachten

Norwegen

Schottland

England

Holland

Europa

Spanien

Afrika

Mali

Algerien

Ägypten

Kongo

Nigeria

Südafrika

Russland

Asien

Südkorea

Pakistan

Nepal

Australien
Ozeanien

Neuseeland

Die Menschen leben, wie die Kontinente, voneinander getrennt. Selbstverständlich reisen viele auch in andere Länder und auf fremde Erdteile.

Aber stellen wir uns einmal vor, dass Alle zusammen leben würden. Auf einem Kontinent und in einem großen, gemeinsamen Land.

Ursprünglich war das ja einmal der Fall, zumindest für die Tiere. Denn vor 300 Millionen Jahren gab es noch keine Menschen auf der Erde.

Unsere Erde besteht aus vielen verschiedenen Schichten.

Die Kontinente liegen auf sogenannten tektonischen Platten.

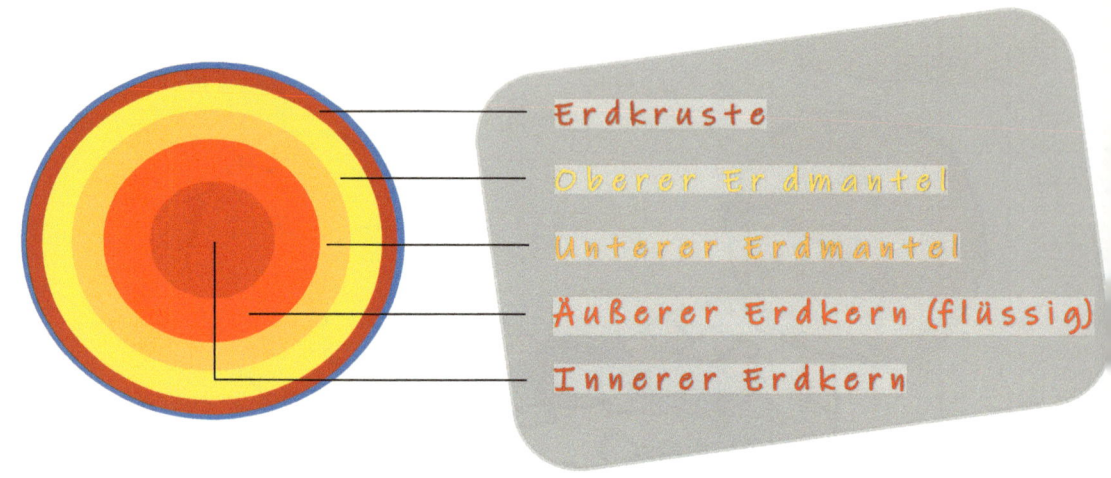

Erdkruste

Oberer Erdmantel

Unterer Erdmantel

Äußerer Erdkern (flüssig)

Innerer Erdkern

Vor ungefähr 135 Millionen Jahren brachen die Kontinentalplatten auseinander und drifteten langsam auf ihre heutigen Positionen.

Genau wie die Kontinente haben sich wohl auch die Menschen auseinander gelebt und werden sich immer fremder, auch trotz Internet und Smartphones.

Das was Lotte und Paul hier machen,
erledigt die Natur ganz von selbst,

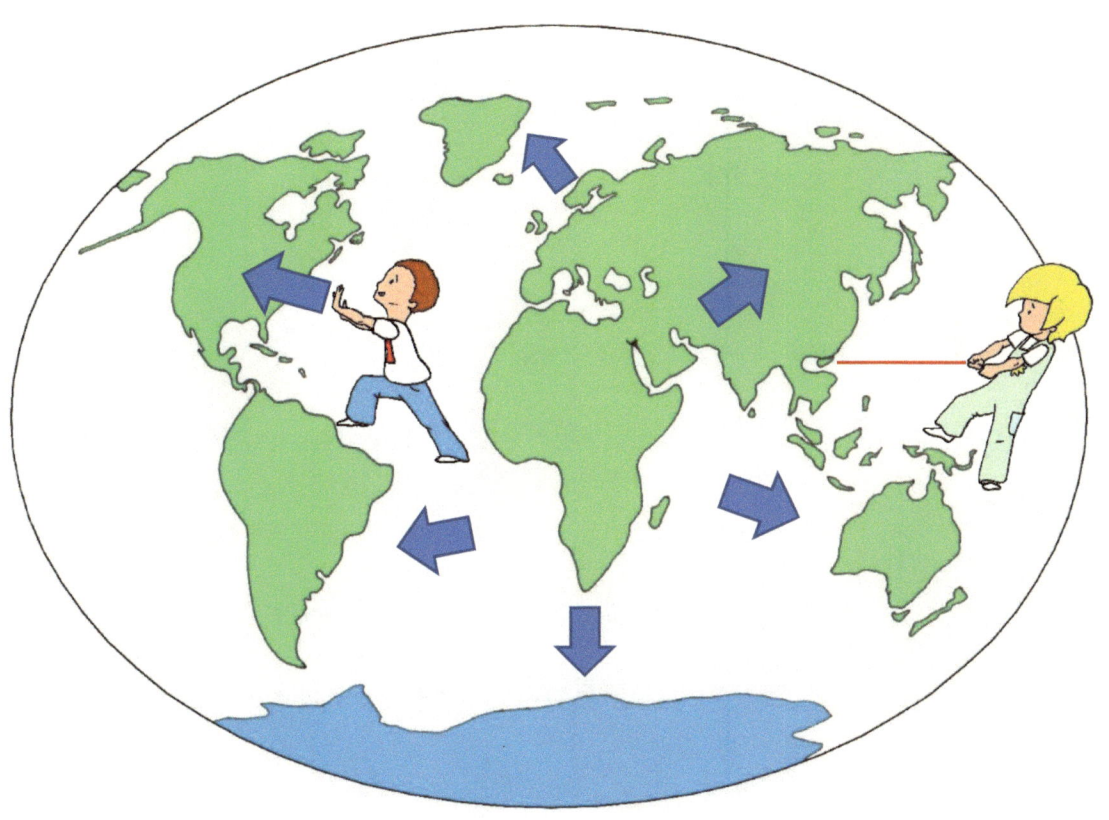

denn die Kontinente bewegen sich weiter.
Jedes Jahr zwischen 40 bis 80 Millimeter. So viel: |↔|

Die Menschen trennen sich leider auch immer mehr voneinander.

Sie haben Grenzen gebaut, weil sie wollen, dass keine Fremden

einfach so in ihr Land kommen.

Und das geht soweit, dass Freunde und sogar Familien getrennt

werden und keinen Kontakt mehr miteinander haben.

Auch nicht durch das Internet.

Denn in einigen Ländern wird das Internet überwacht und die

Menschen dort haben keinen Zugriff auf

das gesamte Internet.

Grenzen gibt es nicht nur zwischen Ländern.
Auch Menschen bauen Grenzen zwischen sich und andere.

Grenzen führen so oft zum Streit.

Leider aber auch immer wieder zu Krieg und damit

zu großem Leid für Mensch und Natur.

Eine Grenze besteht nicht immer nur aus Mauern,

sondern oftmals auch aus bösen Worten.

Streit beginnt oft schon im Kleinen:

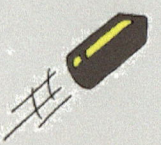

Hohe Grenzzäune im eigenen Garten,

ein Missverständnis untereinander,

die Keilerei auf dem Schulhof,

Streitereien auf dem Sportplatz

oder zu Hause.

...

Kam es bei Dir in letzter Zeit auch zum Streit? Warum?

Hättest Du diesen Streit vermeiden können?

Wir hoffen ihr habt euch wieder versöhnt.

Religionen waren zum Beispiel schon immer ein Grund für Kriege. Manche Menschen wollen anderen Menschen ihren Glauben aufzwingen. Sie akzeptieren keinen anderen Glauben.

Oder es geht wie so oft um Macht und Geld, wovon einige Menschen nicht genug bekommen können, es von anderen wegnehmen wollen und dafür sogar töten.

Menschen sind verschieden. Sie haben andere Hautfarben, sprechen anders und Leben auf unterschiedliche Art und Weise. Das gefällt leider auch nicht allen.

Dabei könnten alle Menschen so viel voneinander lernen, wenn sie aufeinander zugehen würden, sich die Hand reichen und sich so akzeptieren würden, wie sie sind:

Als MENSCHEN !

Hinduismus

Islam

Judentum

Religionen

Buddhismus   Christentum

Norden

Herkunft

Westen   Osten

Süden

"Unterdrückung"

"Banden"

"Neid"

Stopp!
Das ist ja schrecklich. Warum nur kämpfen die Menschen gegeneinander?

"Macht"

"Geld"

"Gier"

"Eifersucht"

5

Dass es auch anders geht, hat 1989 Deutschland gezeigt.
Nach 28 Jahren Trennung durch eine Mauer wurde diese
eingerissen und Deutschland wieder vereint:

BRD – DDR - Mauer
1961 - 1989

DDR
Deutsche
Demokratische
Republik

BRD
Bundesrepublik
Deutschland

Deutschland vor 1961

Deutschland

und wieder nach 1989

Wenn Menschen Grenzen überwinden, Mauern einreissen und zusammenhalten!

Freunde und Familien die 28 Jahre voneinander getrennt waren, konnten sich nach dem Mauerfall endlich wieder in die Arme schließen.

Wir Menschen müssen doch alle zusammen halten!

Da ist es doch egal, ob wir

eine dunkle oder helle Hautfarbe haben,
groß oder klein,
dick oder dünn,
alt oder jung,
arm oder reich,
behindert oder nicht behindert

sind, denn

wir sind alle gleich, wir sind alle dieselben Menschen.
Haben zwei Augen, eine Nase, einen Mund, und vieles mehr,
vor allem aber auch **ein Herz** !

Zusammen geht ...

... Alles viel leichter !

Menschen streiten sich.

Das ist ganz normal

und gehört zum Leben.

Wie wir damit umgehen

ist wichtig !

Aussprache
und Versöhnung
nach einem Streit ...

... müssen sein.
Das verschönert das
Leben und
die Freundschaft!

Miteinander reden ist sehr wichtig.

So können wir Irrtümer

aus der Welt schaffen und

gemeinsam Probleme

friedlich lösen.

Und wenn ihr Probleme

nicht selbst lösen könnt,

holt einen „Schiedsrichter".

Jemanden der für Alle da ist

und nicht nur für eine Seite Partei ergreift.

„Hallo, guten Tag"
„ich wünsche dir einen schönen Tag"
„darf ich ihnen helfen?"
„Bitteschön"
„ein freundliches Lächeln"
„Vielen Dank"
Was können WIR für eine bessere Gesellschaft tun?
Eigentlich ganz einfach:

Meistens sind es kleine Dinge, die das Leben besser machen!

Nicht gleich vor Wut stampfen

Überlegen, wie sich der Andere fühlt

Ein freundliches Wort

Gegenseitig helfen

Nachfragen wenn etwas nicht klar ist

Andere Akzeptieren wie sie sind

Vernünftig miteinander reden

Aussprechen lassen

Gemeinsam Lösungen finden

Nicht herumschubsen oder sogar zuschlagen

Was fällt Dir noch ein, damit unsere Gesellschaft besser werden kann?

Hallo Kids,

wir wünschen Euch
eine Welt in der ihr gesund,
in Frieden und
in einer tollen Gemeinschaft
aufwachsen könnt.

Euch gehört die Zukunft,
macht das Richtige daraus.

Eure Lotte & Paul

wahre

FREUNDSCHAFT

kann man nicht

kaufen oder

anklicken!

Und wie heißen Eure Freunde?